Agatha Müller

Zauberhafte Tricks mit den Einmaleinsreihen

Agatha Müller

Zauberhafte Tricks

mit den Einmaleinsreihen

Bibliografische Information der Deutschen Nationalbibliothek:
Die Deutsche Nationalbibliothek verzeichnet diese Publikation in der Deutschen Nationalbibliografie; detaillierte bibliografische Daten sind im Internet über dnb.dnb.de abrufbar.

Herstellung und Verlag:
BoD – Books on Demand, Norderstedt

ISBN: 9 783754 344224

Inhaltsverzeichnis

Einführung

Du hast keine Lust, das kleine Einmaleins auswendig zu lernen oder du hast es mal auswendig gelernt, aber wieder vergessen. Vielleicht hast du die Einmaleinsreihen auch schon öfters wiederholt, aber sie bleiben einfach nicht in deinem Kopf. Irgendwann hast du dann die Lust verloren, Malaufgaben zu rechnen. Es macht dir einfach keinen Spaß.

Doch das ändert sich ganz schnell, wenn du weißt, dass es für jede Reihe des kleinen Einmaleins Tricks gibt. Du kannst die Malaufgaben nämlich lösen ohne dass du dabei rechnen oder das Einmaleins auswendig können musst. Da staunst du, was? Wahrscheinlich fragst du dich, wie das gehen soll. Das zeige ich dir in diesem Büchlein. Hier findest du für jede Reihe des kleinen Einmaleins mindestens zwei Möglichkeiten, das Ergebnis einfach herbeizuzaubern. Lass dich überraschen!

Viel Freude damit!

Agatha Müller

Zweierreihe mithilfe einer Tabelle

Du machst einen waagrechten und vier senkrechte Striche.

Dann schreibst du in die obere Zeile die Ziffern 2, 4, 6, 8, 0.
Dasselbe machst du in der unteren Zeile.

2	4	6	8	0
2	4	6	8	0

Nun schreibst du in der oberen Zeile vor jede Ziffer eine 0,
außer bei der letzten Ziffer. Da schreibst du eine 1 davor.
In der unteren Zeile schreibst du vor jede Ziffer eine 1
und vor die letzte Ziffer eine 2.

02	04	06	08	10
12	14	16	18	20

Und schon kannst du die Zweierreihe ablesen.

Zweierreihe mithilfe der Finger

Du hältst beide Hände mit der Handinnenfläche vor deinen Oberkörper und machst jeweils eine Faust. Der Multiplikator (erster Faktor bzw. vordere Ziffer) der Malaufgabe wird nun bei jeder Hand angezeigt, indem du die entsprechende Anzahl der Finger ausstreckst. Dann zählst du die ausgestreckten Finger ab und schon hast das Ergebnis.

Beispiel: 3 · 2

Du streckst bei der linken Hand drei Finger aus und bei der rechten Hand ebenfalls drei Finger. Dann zählst du einfach die ausgestreckten Finger. Es sind sechs Finger, also ist 3 · 2 = 6.

Wenn der Multiplikator (1. Faktor, vordere Ziffer) größer wie fünf ist, dann beginnst du mit dem Daumen bei sechs. Die ausgestreckten Finger (die Finger ab der Zahl 6) zählst du ab, schreibst in Gedanken eine eins davor und schon hast du das Ergebnis.

Beispiel: 8 · 2

Du zählst die Finger an beiden Händen durch bis acht, d. h. einmal eine Handvoll und dann 6, 7, 8. Nun hast du bei jeder Hand drei ausgestreckte Finger. Das sind insgesamt sechs Finger. Nun setzt du eine 1 für den Zehner davor und hast 16. Also weißt du, dass 8 · 2 = 16 ist.

Dreierreihe mithilfe eines tic tac toe Feldes

Du zeichnest ein tic tac toe Feld und schreibst die Ziffern von 1 bis 9 in die Kästchen. Du beginnst mit der 1 links unten und schreibst immer von unten nach oben.

3	6	9
2	5	8
1	4	7

Anschließend schreibst du vor die Ziffern in der ersten Zeile eine 0, vor die Ziffern in der zweiten Zeile eine 1 und vor die Ziffern in der dritten Zeile eine 2. Und am Ende schreibst du die Zahl 30.

03	06	09
12	15	18
21	24	27
		30

Und schon kannst du die Dreierreihe ablesen.

Dreierreihe mithilfe der Finger

Du hältst eine Hand mit der Handinnenfläche vor deinen Oberkörper und machst eine Faust. Der Multiplikator (erster Faktor bzw. vordere Ziffer) der Malaufgabe wird nun mit der Hand angezeigt, indem du die entsprechende Anzahl der Finger ausstreckst. Dann beschriftest du in Gedanken die ausgestreckten Finger mit der Fünferreihe und gehst danach an den Finger, am besten mithilfe der anderen Hand **im Zweierschritt zurück**. Die Zahl des letzten Fingers ist das Ergebnis.

Beispiel: 3 · 3

Du streckst drei Finger einer Hand aus und beschriftest sie in Gedanken mit der Fünferreihe: 5, 10, 15. Danach zählst du an den drei Fingern <u>im Zweierschritt rückwärts</u>, also 13, 11, 9. Und schon hast du das Ergebnis. 3 · 3 = 9

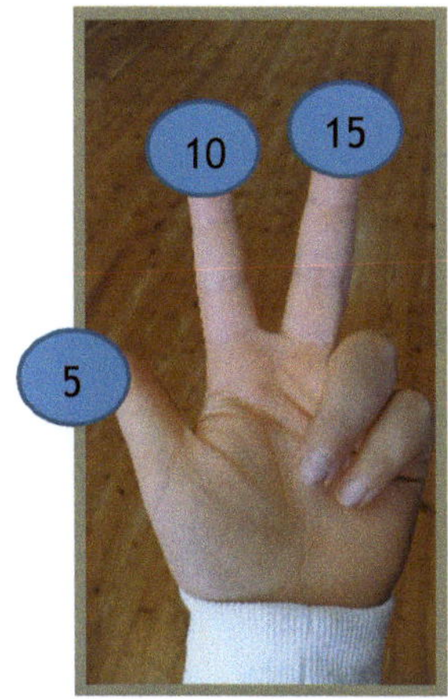

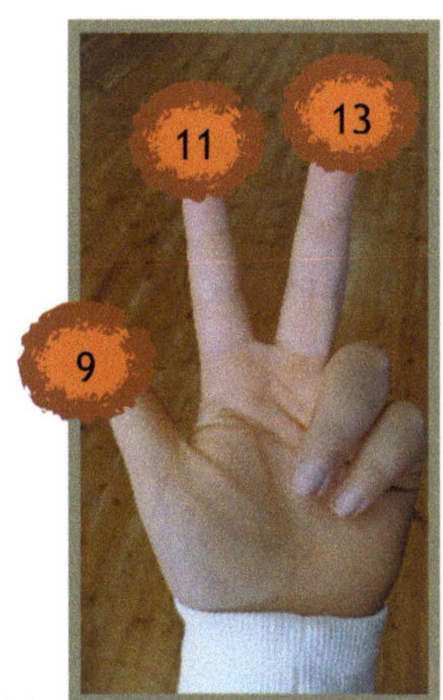

Viererreihe mithilfe von Zickzacklinien

Du machst zwei Zickzacklinien untereinander in Form des Buchstabens M. An den Eckpunkten schreibst du bei jedem „M" die Zahlen 2, 4, 6, 8, 0. Du beginnst links unten.

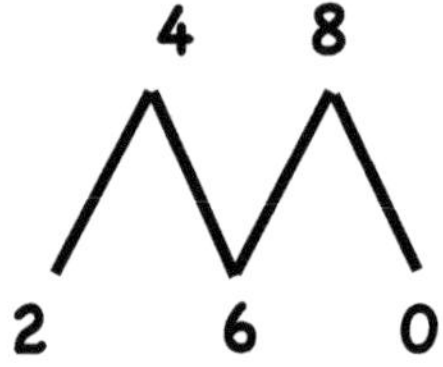

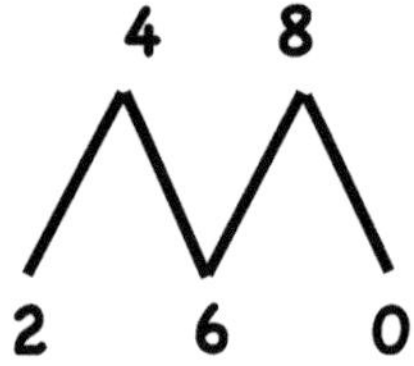

Anschließend schreibst du beim oberen M an den oberen Spitzen eine 0 und unten eine 1 vor die Zahlen, außer bei der 0, da schreibst du eine 2 davor. Beim zweiten M schreibst du an den oberen Spitzen eine 2 und unten eine 3 vor die Zahlen, außer bei der 0. Da schreibst du eine 4.

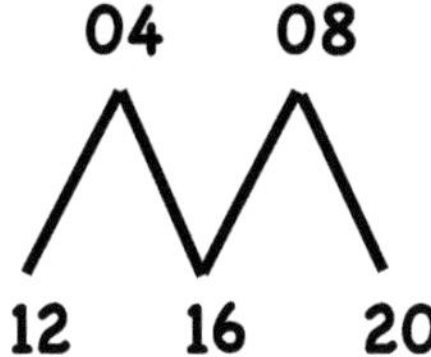

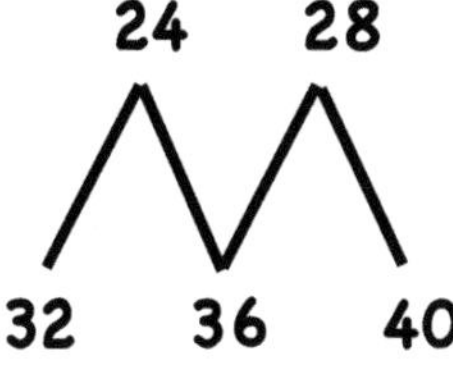

Und schon kannst du die Viererreihe ablesen.

<u>Viererreihe mithilfe der Finger</u>

Du hältst eine Hand mit der Handinnenfläche vor deinen Oberkörper und machst eine Faust. Der Multiplikator (erster Faktor bzw. vordere Ziffer) der Malaufgabe wird nun mit der Hand angezeigt, indem du die entsprechende Anzahl der Finger ausstreckst. Dann beschriftest du in Gedanken die ausgestreckten Finger mit der Fünferreihe und zählst danach an den ausgestreckten Finger von 15 rückwärts. Die Zahl des letzten Fingers ist das Ergebnis.

<u>Beispiel: 3 · 4</u>

Du streckst drei Finger einer Hand aus und beschriftest sie in Gedanken mit der Fünferreihe. Am besten berührst du mit der anderen Hand die Finger, die zu abzählst, also: 5, 10, 15.

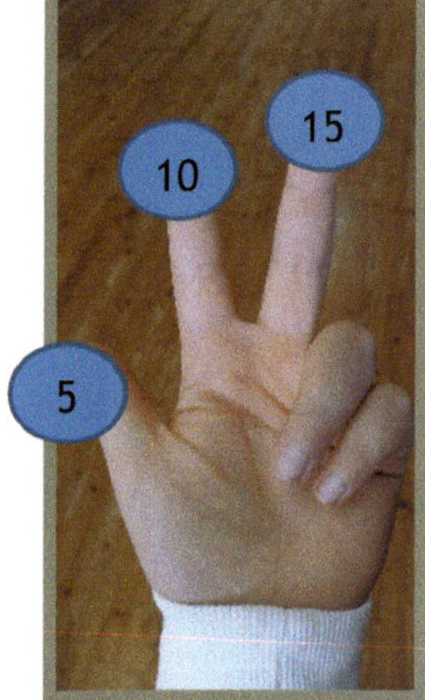

Den letzten Finger, in dieser Aufgabe die 15, berührst du dann noch einmal. Er wird jetzt zu der 14, die 10 zu 13 und die 5 zu 12, d. h. du zählst von 15 einfach an den Fingern rückwärts bis du beim Daumen bist. Die Zahl des Daumens ist dann das Ergebnis. In unserem Fall ist das die 12. Also ist 3 · 4 = 12.

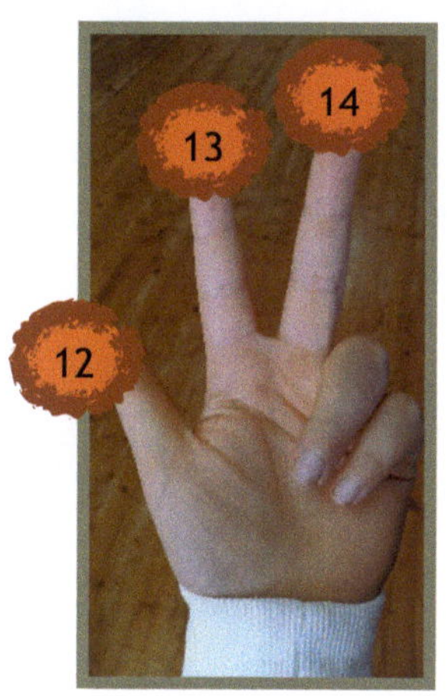

Fünferreihe mithilfe einer Tabelle

Du machst einen waagrechten und vier senkrechte Striche.

Dann schreibst du in die erste Zeile immer abwechselnd die 5 und die 0, beginnend mit der 5. In der zweiten Zeile machst du dasselbe, beginnst aber mit der 0.

5	0	5	0	5
0	5	0	5	0

Nun schreibst du in der oberen Reihe 0, 1, 1, 2, 2 vor die Zahlen und in der unteren Reihe 3, 3, 4, 4, 5.

05	10	15	20	25
30	35	40	45	50

Und schon kannst du die Fünferreihe ablesen.

Sechserreihe mithilfe von tic tac toe Feldern

Du zeichnest zwei tic tac toe Felder und schreibst jeweils
die Ziffern von 1 bis 9 in die Kästchen. Du beginnst mit
der 1 links unten und schreibst immer von unten nach oben.

3	6	9
2	5	8
1	4	7

3	6	9
2	5	8
1	4	7

Nun schreibst du beim ersten tic tac toe Feld in der ersten Zeile eine 0, in der zweiten eine 1 und in der dritten eine 2 vor die Zahlen. Beim zweiten tic tac toe Feld schreibst du in der ersten Zeile eine 3, in der zweiten eine 4 und in der dritten eine 5 vor die Zahlen.

03	06	09
12	15	18
21	24	27
		30

33	36	39
42	45	48
51	54	57
		60

Am Ende des ersten tic tac toe-Feldes schreibst du eine 30 dazu und beim zweiten Feld eine 60.

Anschließend verbindest du die Zahlen zu einer Raute.

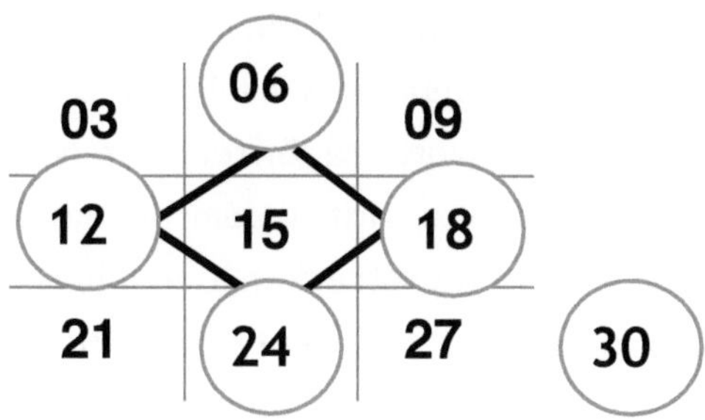

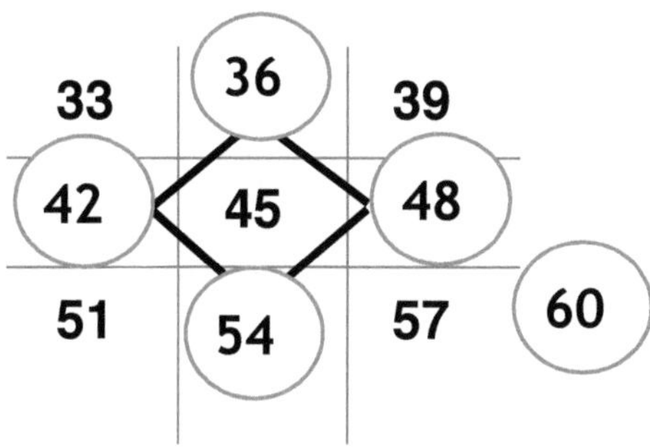

Und schon kannst du die Sechserreihe ablesen. Ich habe
dir die Felder umrahmt, damit du es leichter erkennst.

Sechserreihe mit den Fingern

Du hältst eine Hand mit der Handinnenfläche vor deinen Oberkörper und machst eine Faust. Der Multiplikator (erster Faktor bzw. vordere Ziffer) der Malaufgabe wird nun mit der Hand angezeigt, indem du die entsprechende Anzahl der Finger ausstreckst. Dann beschriftest du in Gedanken die ausgestreckten Finger mit der Fünferreihe und zählst danach an den ausgestreckten Fingern weiter vorwärts. Die Zahl des letzten Fingers ist das Ergebnis.

Beispiel: 4 · 6

Du streckst vier Finger einer Hand aus und beschriftest sie in Gedanken mit der Fünferreihe. Am besten berührst du mit der anderen Hand die Finger, die zu abzählst, also: 5, 10, 15, 20. Den letzten Finger, in dieser Aufgabe die 20, berührst du dann noch einmal und zählst bei 21 weiter vorwärts: 21, 22, 23, 24. Dabei gehst du die Finger zurück. Wenn du wieder beim ersten Finger (in unserem Fall dem Daumen) angelangt bist, ist die Zahl, die du bei diesem Finger nennst, das Ergebnis. In unserem Fall ist das die 24. So ist 4 · 6 = 24.

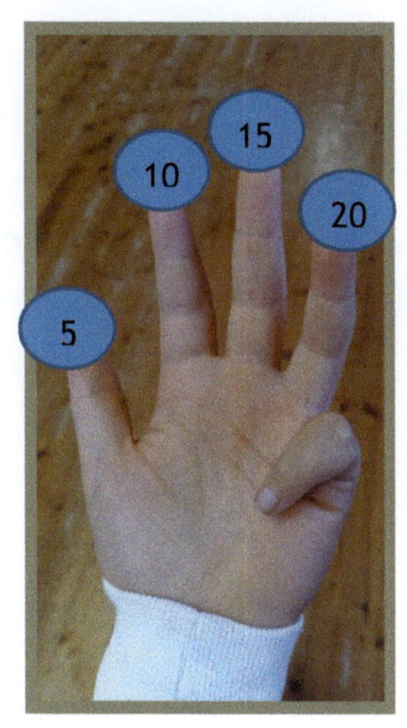

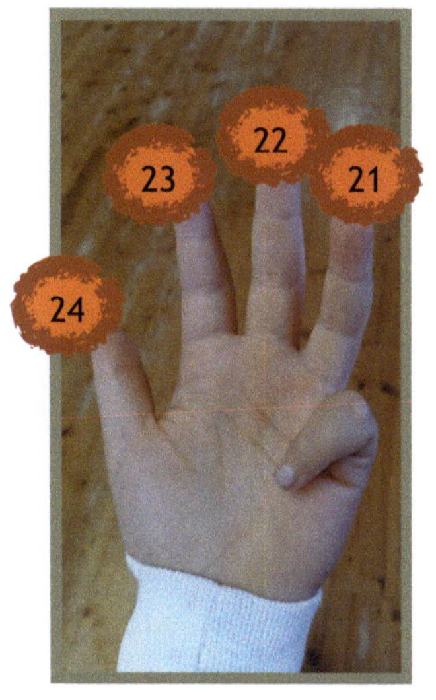

Siebener-Reihe

Siebener-Reihe mithilfe des tic tac toe Feldes

Du malst ein tic tac toe Feld.

Nun schreibst du die Ziffern von 1 bis 9 hinein, beginnend rechts oben, immer von oben nach unten.

Danach schreibst du in der ersten Zeile vor die Ziffern eine 0, 1, 2, in der zweiten Reihe eine 2, 3, 4 und in der dritten Reihe eine 4, 5, 6 und anschließend schreibst du noch die 70 dazu.

07	14	21
28	35	42
49	56	63
		70

Und schon kannst du die Siebenerreihe ablesen, beginnend links oben.

Siebener-Reihe mithilfe der Finger

Du hältst eine Hand mit der Handinnenfläche vor deinen Oberkörper und machst eine Faust. Der Multiplikator (erster Faktor bzw. vordere Ziffer) der Malaufgabe wird nun mit der Hand angezeigt, indem du die entsprechende Anzahl der Finger ausstreckst. Dann beschriftest du in Gedanken die ausgestreckten Finger mit der Fünferreihe und zählst danach an den ausgestreckten Fingern **im Zweierschritt** weiter, indem du die Finger wieder zurückgehst. Die Zahl des letzten Fingers ist das Ergebnis.

Beispiel: 3 · 7

Du streckst drei Finger einer Hand aus und beschriftest sie in Gedanken mit der Fünferreihe: 5, 10, 15.

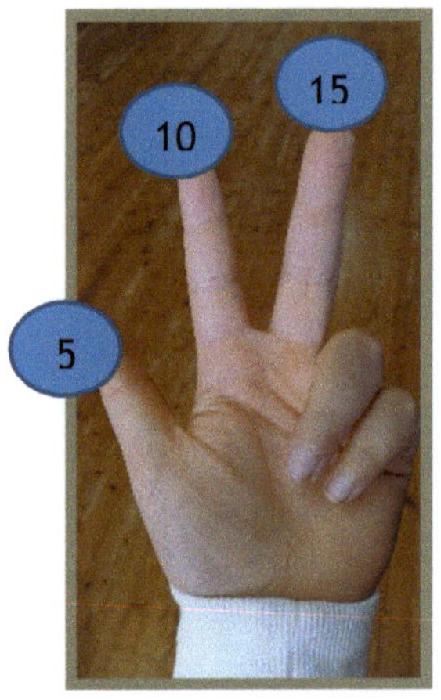

Am besten berührst du mit der anderen Hand die Finger,
die zu abzählst, also: 5, 10, 15. Den letzten Finger, in dieser Aufgabe die 15, berührst du dann noch einmal und
zählst **im Zweierschritt** weiter. Die nächste Zahl ist also
17. Du gehst dabei die Finger zurück. Wenn du wieder
beim ersten Finger (in unserem Fall dem Daumen) angelangt bist, ist die Zahl, die du bei diesem Finger nennst,
das Ergebnis, also 17, 19, 21. In unserem Fall ist das die 21.
So ist 3 · 7 = 21.

Achter-Reihe mithilfe einer Tabelle

Du machst einen waagrechten und vier senkrechte Striche.

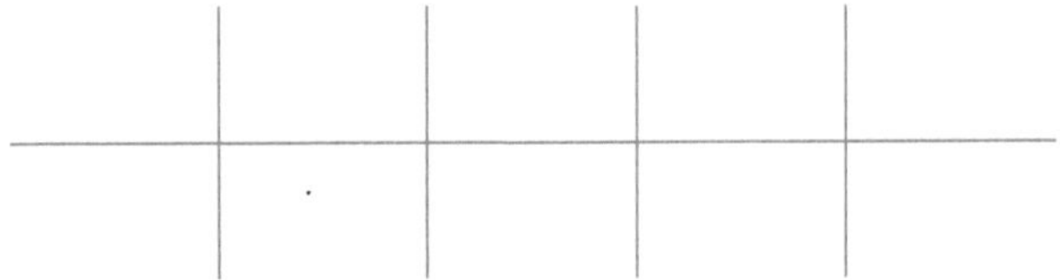

Danach schreibst du die Ziffern 8, 6, 4, 2, 0 jeweils in die beiden Zeilen.

8	6	4	2	0
8	6	4	2	0

Nun schreibst du in der oberen Zeile die Ziffern von 0 bis 4, also 0, 1, 2, 3, 4 vor die dastehenden Ziffern und in der unteren Zeile die Ziffern von 4 bis 8, also 4, 5, 6, 7, 8.

08	16	24	32	40
48	56	64	72	80

Und schon kannst du den Achter ablesen.

Achter-Reihe mithilfe einer senkrechter Reihe

Du schreibst die Zahlen von 0 bis 8 **von oben nach unten,** wobei du die 4 zweimal schreibst, also 0, 1, 2, 3, 4, 4, 5 ,6 7, 8. Rechts neben diese Zahlenreihe schreibst du zweimal die Zweierreihe bis 8, also 0, 2, 4, 6, 8 und zwar **von unten nach oben**.

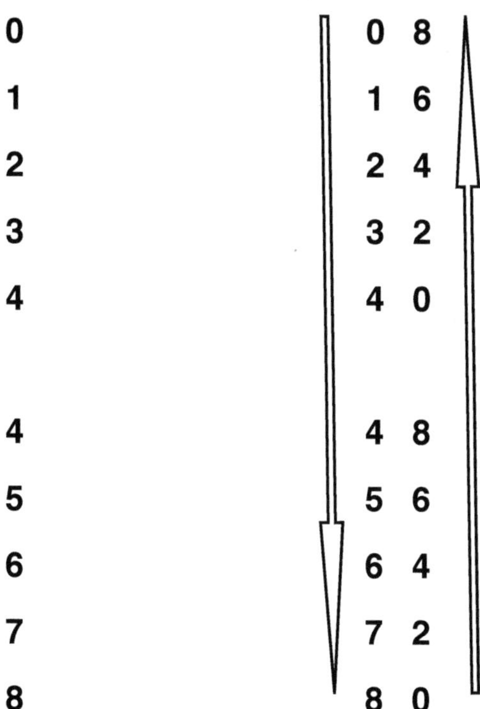

Und schon kannst du die Achterreihe ablesen.

Achter-Reihe mithilfe der Finger

Du hältst beide Hände vor deinen Oberkörper und zählst an der linken und rechten Hand jeweils die Ziffer des Multiplikators (1. Faktors) ab. Diesen Finger biegst du jeweils nach innen.

Beispiel: 3 · 8

Du fängst am Daumen an zu zählen und biegst von der linken Hand den dritten Finger ein. Dasselbe machst du bei der rechten Hand.

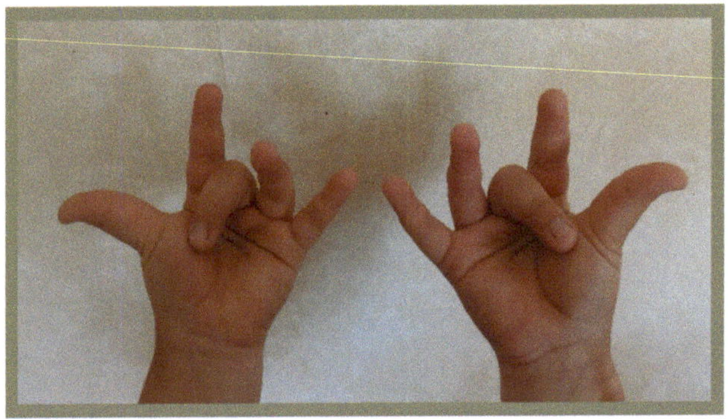

Nun biegst du bei der rechten Hand alle Finger, die vor dem eingebogenen Finger sind, vom Daumen her gesehen, ebenfalls ein und schon kannst du das Ergebnis der Multiplikationsaufgabe ablesen.

Links von dem eingebogenen Finger hast du zwei ausgestreckte Finger. Das sind die Zehner und rechts von dem eingebogenen Finger hast du vier Finger. Das sind die Einer. Also sind 3 · 8 = 24.

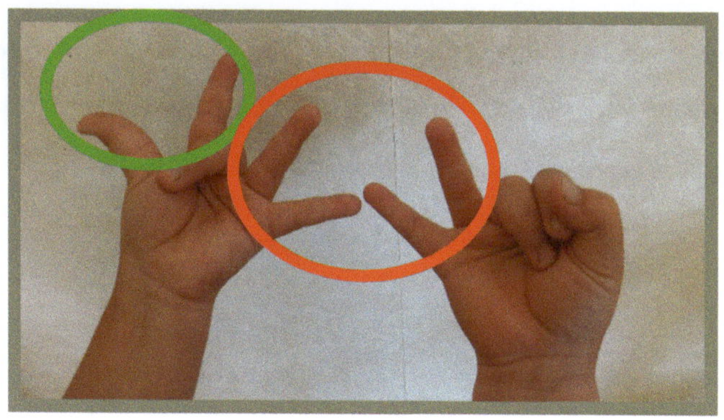

Wenn der Multiplikator (1. Faktor) größer wie fünf ist, dann beginnst du ab sechs zu zählen.

Beispiel: 8 · 8

Bei 8 · 8 ergibt sich dasselbe Fingerbild wie oben bei 3 · 8. Du beginnst am Daumen mit der 6 und zählst 6, 7, und 8. Das sind drei Finger. Den dritten Finger biegst du ein. Nun hast du links vom eingebogenen Finger zwei Finger (Zehner) und rechts davon vier (Einer). Das ergibt 24. Dann zählst du 40 (5 · 8) dazu (40 + 16 = 56) und schon hast du das Ergebnis. 7 · 8 = 56.

Neuner-Reihe mithilfe einer senkrechter Reihe

Du schreibst links die Zahlen von 0 bis 9 **von oben nach unten** und rechts daneben die Zahlen 0 bis 9 **von unten nach oben** und schon ist die Neunerreihe fertig.

0	0	9
1	1	8
2	2	7
3	3	6
4	4	5
5	5	4
6	6	3
7	7	2
8	8	1
9	9	0

Neuner-Reihe mithilfe der Finger

Du hältst beide Hände vor deinen Körper und biegst den Finger ein, der die Zahl des Multiplikators (1. Faktors) darstellt.

Beispiel: 8 · 9

Du fängst links außen an der linken Hand an zu zählen und knickst den achten Finger nach innen.

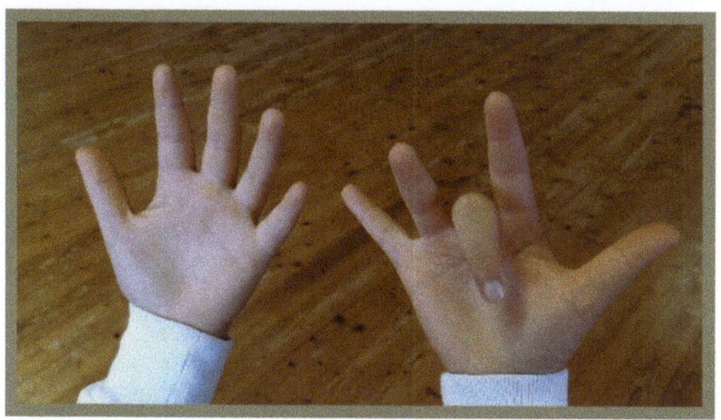

Links von dem umgeknickten Finger sind es in diesem Fall sieben Finger. Das sind die Zehner. Rechts von dem umgeknickten Finger sind es zwei Finger. Das sind die Einer. Und 7 Zehner und 2 Einer ergibt 72, also sind 8 · 9 = 72.

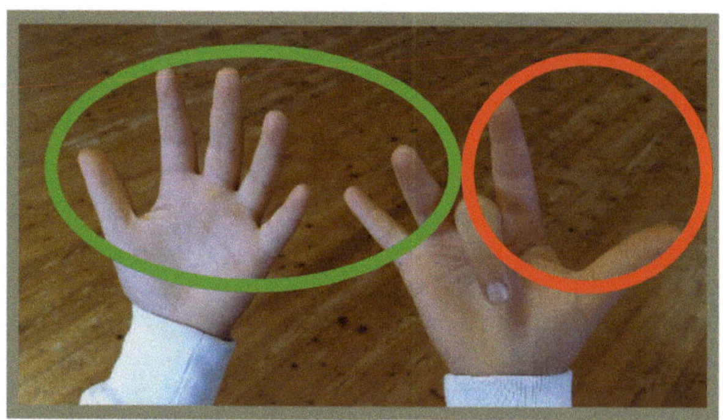

Zehner-Reihe

Bei der Zehnerreihe musst du dem Multiplikator (1. Faktor) der Malaufgabe nur eine Null hinzufügen und schon hast du das Ergebnis.

<u>Beispiel: 5 · 10</u>

Der Multiplikator ist 5. Du hängst an die 5 eine Null dran und schon hast du das Ergebnis: 5 · 10 = 50.

Und noch ein Trick

für mehrere Reihen gleichzeitig

Blättere um!

Du kannst die 6er bis 10er Reihen ab der 6, d. h. ab 6 mal irgendeine Zahl mit den Fingern rechnen, z. B. 7 · 8, 6 · 9, usw.

Dazu schreibst du die Zahlen von 6 bis 10 auf deine Finger (siehe Foto) und hältst diese vor deinen Oberkörper. Später brauchst du die Beschriftung nicht mehr.

Beispiel: 7 · 8

Du nimmst von einer Hand den Finger 7 und von der anderen Hand den Finger 8. Diese beiden Finger küssen sich.

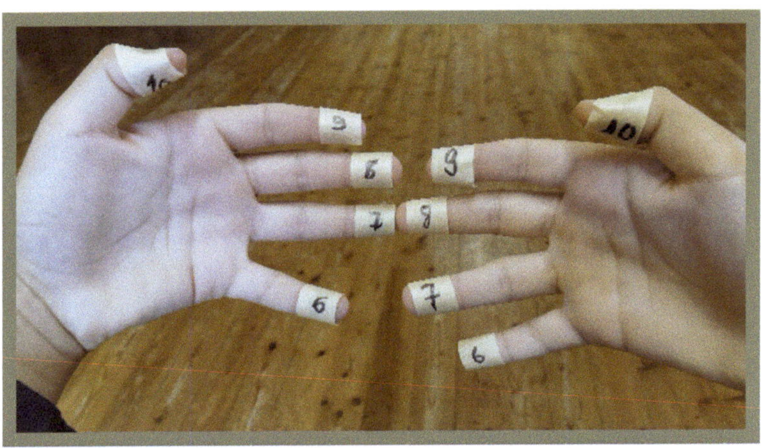

Nun zählst du die Finger, die sich küssen und die Finger darunter ab. In diesem Fall sind das fünf Finger, die 6 und die 7 der linken Hand und die 6, 7 und 8 der rechten Hand. Das sind die Zehner.

Über den sich küssenden Fingern siehst du noch drei Finger der linken Hand, die 8, 9 und 10 und zwei Finger der rechten Hand, die 9 und 10. Diese Finger werden multipliziert, also 3 · 2 = 6. Das sind die Einer. Du hast nun 5 Zehner und 6 Einer. Und das ergibt 56, also ist 7 · 8 = 56.

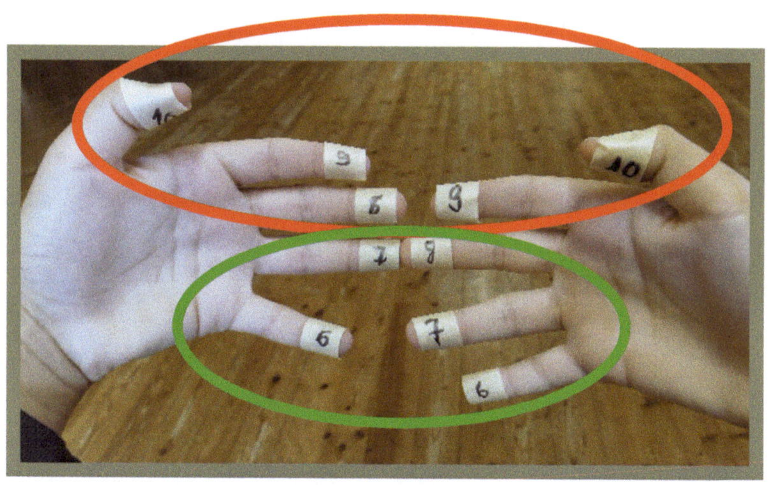

Es gibt noch eine andere Möglichkeit.

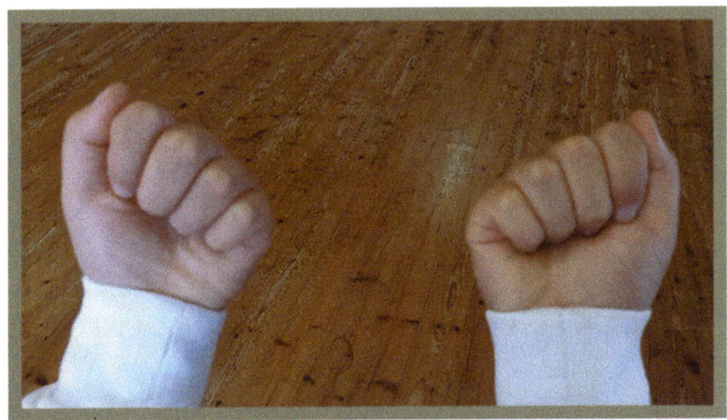

Du hältst die Hände als geschlossene Fäuste vor deinen
Oberörper und streckst bei der linken Hand die Zahl des
Multiplikators (1. Faktors) und an der rechten Hand die
Zahl des Multiplikanten (2. Faktors) der Malaufgabe aus.

Beispiel: 7 · 7

Du fängst beim Daumen mit der sechs an zu zählen, d. h.
an der linken Hand zählst du 6 und 7. Du hast dann also
zwei Finger ausgestreckt. An der rechten Hand zählst du
in unserem Beispiel auch 6 und 7 und streckst auch zwei
Finger aus. Bei acht müsstest du drei Finger ausstrecken.

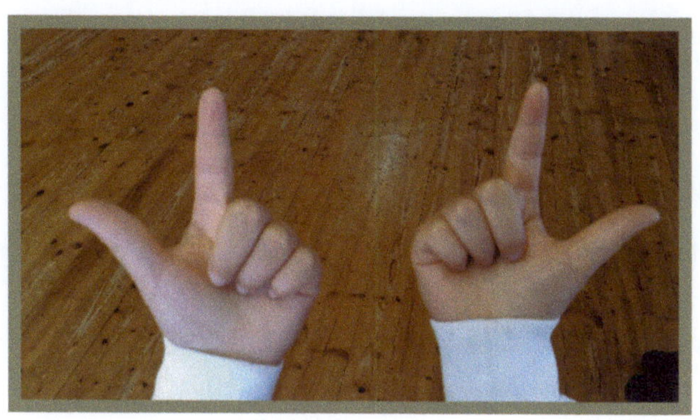

Die ausgestreckten Finger zählst du oder addierst sie. Das sind die Zehner. Die eingeknickten Finger multiplizierst du. Das sind die Einer. In diesem Fall hast du dann 4 Zehner (2 + 2) und 9 Einer (3 · 3). Das ergibt 49. Also ist 7 · 7 = 49.

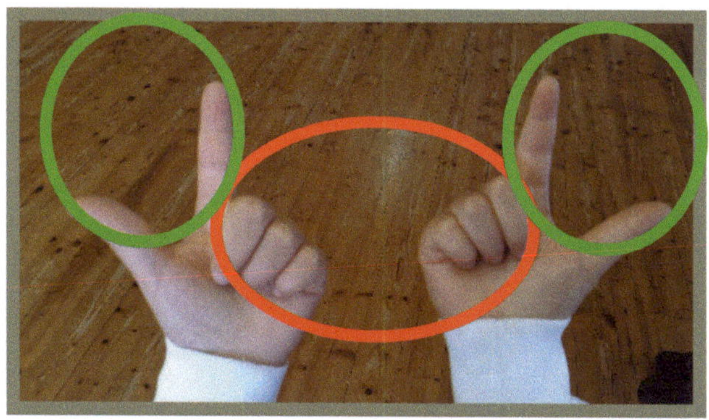

Quellenverzeichnis

all4brain.com – Das 1 x 1

Rechnen, Mathe & Co., Band 1, BoD Books on Demand Norderstedt 2017, Agatha Müller

https://www.youtube.com/watch?v=F3thsiCy7k8

https://www.youtube.com/watch?v=ZsQ2qFtfJz4

https://www.youtube.com/watch?v=VXr7NuSX55M

https://www.youtube.com/watch?v=TQ3-H5ypE8I

eigene Ideen

Weitere Bücher der Autorin

ADHS Zappelphillipp
ISBN 9783839147184

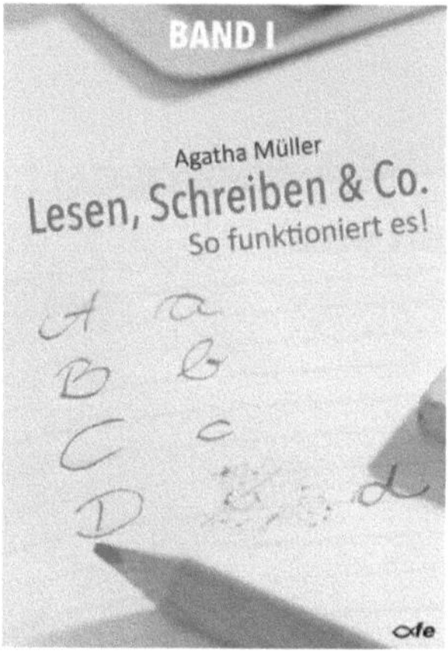

Lesen, Schreiben & Co., Band I
ISBN 9 783863571245

Lesen, Schreiben & Co, Band II
ISBN 97838635712

Rechnen, Mathe & Co, Band I
ISBN 9783740735135

Rechnen, Mathe & Co, Band II
ISBN 9783740748906

Hausaufgaben-Allergie
ISBN 9783740711054